Für

_____

Von

_____

No. 52

Schöner lesen!

ISBN 978-3-649-64991-5
© 2025 Coppenrath Verlag GmbH & Co. KG
Hafenweg 30, 48155 Münster, Germany
Texte © 2025 Hans E. Gerr
Illustrationen: Nora Paehl
Grafische Gestaltung: Daniela Lengers Grafik-Design, Laer
Redaktion: Kreativlektorat Daniela Vogel, Finnentrop
Designed in Germany, Printed in P.R.C.

www.coppenrath.de

Hans E. Gerr

KOMPASS FÜR EIN GLÜCKLICHES LEBEN

Gedanken

COPPENRATH

Lebe!

Lass des Tages schöne Stunden nicht entfliehen:

carpe diem!

Das größte Glück
ist das Geschenk unseres Lebens.

Du lebst, um glücklich zu sein;
darum gib dem Glück in deinem Leben
eine Chance!

Jeder Morgen kann für uns
ein neuer Aufbruch ins Leben sein,
der uns Chancen
für glückliche Stunden
ermöglicht.

DEINEN GLÜCKSSTERN

BRAUCHST DU NICHT

AM NÄCHTLICHEN

HIMMEL SUCHEN.

DU FINDEST IHN

IN DIR SELBST.

Das Glück unseres Seins
können wir spüren,
wenn wir uns in unser Innerstes
versenken.

Lass deiner *Fantasie* freien Lauf
und träume dein Leben schön,
und du wirst mit innerer Ruhe
und Momenten des Glücklichseins
belohnt!

Wenn wir in uns ruhen,
wacht das Glück in uns auf.

Gönne deinem Körper

Ruhe und Erholung,

dann fühlt sich auch
die Seele darin wohl!

Muße ist Erholung für unsere Seele,
aus der wir Kräfte für unser Leben schöpfen.

Die Stille
kann uns ein Tor
zur Glückseligkeit aufschließen.

DAS GLÜCK LEBT
VOR ALLEM
IN DER STILLE.

Sei auch achtsam
gegenüber dir selbst!
Du bist es wert,
dass du dich
selbst schätzt.

Tiefes Glück,
das wir schenken und empfangen dürfen,
finden wir in der selbstlosen Liebe.

Achtsamkeit
ist der goldene Schlüssel
zu einer liebevollen Beziehung.

Unsere Gefühle und Körpersignale
können für uns die Kompassnadel sein,
die uns auf den Weg der Achtsamkeit
gegenüber uns selbst leitet.

Das Leben von Warmherzigkeit
zur Notlinderung anderer
kann für uns selbst
wohltuend wie ein Lichtstrahl sein,
der das Grau des Nebels durchdringt
und unser eigenes Herz erwärmt.

Achtsamkeit, Wärme und Nähe,
die wir anderen gewähren,
kommen zu uns zurück und
verwandeln sich in unseren Herzen in
Gefühle des Glücks.

Sei stets frohen Mutes
zu tun anderen etwas Gutes!
Dein Leben füllt sich dann mit Sinn,
und Glück ziehst du als Hauptgewinn.

FREUDE

KÖNNEN WIR IMMER

SCHENKEN,

ZU JEDER ZEIT,

AN JEDEM ORT,

ES BEDARF NUR

EINES HERZLICHEN LÄCHELNS,

EINES FREUNDLICHEN WORTES.

**WENN WIR
FÜR ANDERE DA SIND,
IST DAS GLÜCK
NICHT FERN.**

Was die Kosmetik nicht schafft,
das vollbringt die Freude:
Schönheit aus der Tiefe der Seele.
Sie zaubert uns ein Lächeln ins Gesicht
und ein Strahlen in die Augen.

Die strahlenden Augen
eines Beschenkten
sind für uns der schönste Dank.

Das Glück
nimmt gerne seine Wohnung
in den Herzen der Menschen, die anderen
*Güte, Zuneigung
und Anerkennung*
entgegenbringen.

Wer besitzt ein weites Herz,
auf der Lippe einen Scherz
und anderen Freude macht,
dem das Glück oft lacht.

Spiele mit Freude
das Spiel deines Lebens,
und du gewinnst
das Glück als Mitspielerin!

Fröhlichkeit

bringt auch an regenreichen Tagen
Sonnenschein in unsere Herzen.

Fröhlichkeit im Alltag
können wir gewinnen,
wenn wir gemeinsam
feiern, tanzen, singen!

Das *Lächeln* verbindet
über alle kulturellen, religiösen, ethnischen
und politischen Schranken hinweg.
Es ist ein Brückenschlag
von Mensch zu Mensch.

Wie ein Sonnenstrahl im Frühling
wirkt die Freude,
die unser Herz erwärmt.

Ob wir gemeinsam Sport treiben
oder Lieder singen,
Glück oder Wohlbefinden,
das wir dabei empfinden,
kann uns alle verbinden.

Gute Worte zu finden und die Hände zur

Versöhnung

zu reichen
sind ein Weg, zum inneren Frieden zu gelangen.

Freude

Seelische Verbundenheit
ist eine stabile Brücke,
über die das Glück
zu uns gelangen kann.

Bei gegenseitigem Verständnis
kann sich

Harmonie

auch zwischen Menschen
mit unterschiedlichem Charakter
entwickeln.

Was du für deine Mitmenschen tust,
tue es mit Freude und
mit ganzem Herzen!

WENN

ALLE MENSCHEN

FÜREINANDER DA SIND,

WIRD UNSERE WELT

SCHÖNER UND

REICHER.

Es tut gut,
täglich Gutes
zu tun!

Teilen wir unser Glück mit einem andern,
vermehren wir es;
teilen wir des andern Leid,
vermindern wir es.

Das Geheimnis des Glücks
besteht darin, andere glücklich zu machen.
Wer Glück schenkt, wird mit Glück belohnt.

Helfen ist mit *Glück*
untrennbar verbunden.

Heiterkeit und Lebensfreude
strahlen auf andere aus
und bringen Sonnenschein in unser Leben.

Verständnis für andere ist weniger
eine Gabe des Verstandes
als die unseres Herzens.

Nicht in der Ausübung von Macht über andere,
sondern in der liebevollen Zuwendung zu anderen
zeigt sich unsere innere Stärke.

Wenn wir
uns selbst und anderen
Fehler verzeihen,
können wir uns
von negativen Gefühlen
befreien.

Ein Teppich,
gewebt aus Bescheidenheit und Einfachheit,
ist eine Brücke zum Lebensglück.

Selbstwertgefühl
und eine Portion

Gelassenheit

uns meist vom Ärger schnell befreit.

Wir müssen nicht traurig sein,
wenn wir meinen, dass uns etwas fehlt;
es ist schöner, sich an dem zu erfreuen,
was wir haben.

Genügsamkeit
ist ein
fruchtbarer Boden,
auf dem innere Zufriedenheit wachsen kann.

Negative Gefühle jeder Art,
halte sie fern von deinem Haus,
nimm alles, wie es kommt,
und mach das Beste draus!

Geborgenheit
kann uns die Tür zu einem

paradiesischen
Zustand

öffnen.

Glück
finden wir nicht im Streben
nach Geld, Ansehen oder Macht.
Wenn wir Menschlichkeit leben,
werden wir das wahre Glück
in uns selbst finden können.

NUR

MIT FRIEDEN IM HERZEN

KÖNNEN WIR

DAS WAHRE GLÜCK

IM LEBEN

FINDEN.

Zuversicht
kann wie die Sonne für uns sein,
die uns das Licht der Hoffnung bringt
und uns positive Energie verleiht,
schwierige Lebenssituationen
zu meistern.

IDEEN VERLEIHEN
UNSERER LEBENSFREUDE
FLÜGEL.

Hindernisse,
die wir überwinden,
stärken unser Selbstbewusstsein
und unser Selbstwertgefühl.

Mut und Hoffnung
helfen uns in Zeiten von Krisen.
Sie bringen unser Leben wieder in

Schwung.

Nicht das Festhalten
an gemachten Erfahrungen bringt uns weiter,
sondern die ständige Offenheit,
sich neuen Situationen zu stellen.

Das Geheimnis des Erfolgs
besteht darin,
auf seine Fähigkeiten und Kräfte
zu vertrauen.

Mit *Vertrauen,*
das du in dich setzt,
gelingt dein Leben im Hier und Jetzt.

Glück können wir finden,
wenn wir uns Ziele setzen;
sie wecken die körperlichen, geistigen
und seelischen Kräfte in uns
und lassen uns das Sein intensiv erleben.

Nimm dein Leben in die Hand
und verwirkliche möglichst oft deine

Herzenswünsche!

Dem Neugierigen
erschließen sich neue Horizonte,
die sein Leben aufregend und abenteuerlich
machen können.

Glück können wir finden,
wenn wir mit wachen Sinnen die

kleinen Wunder

unserer Welt entdecken.

Lass dich auf Erlebnisse und Erfahrungen ein,
und es können sich
neue Welten für dich erschließen,
die dein Leben reicher machen!

Lerne,
richtig zu sehen,
und du tauchst ein in
eine wunderschöne Welt
voller Glück!

DAS

WERTVOLLSTE

GESCHENK

IM MENSCHLICHEN

LEBEN

IST DIE ZEIT.

Jede Minute,
in der wir unseren Herzschlag spüren
und unseren Atem fühlen,
ist kostbar.

Musik
kann Balsam für die Seele sein;
sie erwärmt das Herz,
bringt uns in Stimmung und beruhigt,
sorgt für das Wohlbefinden und kann heilen;
darum lasset euch stets auf sie ein!

Rast

*Möchtest du
auf Pfaden des Glücks
unterwegs sein,
suche sie in der
Natur!*

Wir sind Teil der Natur
und brauchen sie zum Überleben.
Bei einem achtungsvollen und achtsamen
Umgang mit ihr tun wir auch
das Allerbeste für uns selbst.

In der Stille des Waldes
kann unsere Seele tief durchatmen
und das Gefühl der Lebendigkeit
in uns wach werden lassen.

Die Natur mit ihren
Farben, Düften und den leisen Tönen,
sie bringt in unsre Herzen
des Lebens Sonnenschein
und lässt uns glücklich sein.

Die Natur tut unserer Seele gut.
Hier können wir uns selbst finden
und das Glück zu leben in uns spüren.

Begib dich
auf den Pfad des Abenteuers,
und du spürst sehr intensiv das Glück,

zu sein!

Die Natur ist der Ort,
wo auch unsere Seele aufblühen kann.

Die Natur kann dich verwandeln:
Du gewinnst Abstand von Problemen,
ruhst in dir selbst
und in dein Herz kehrt Frieden ein.

Die Natur ist ein Ort
für viele Erlebnisse und Abenteuer.
Sie kann uns inspirieren
und in uns intensive Gefühle der

Lebensfreude

erwecken.

Ein festes Band
der Freundschaft über alle Grenzen hinweg
ist der beste Vertrag
für ein friedliches Miteinander
der Menschen und Völker.

Gute Freunde,
die uns
ein Stück auf unserem Weg begleiten,
sind für uns Glücksbringer.

Lass dich zusammen
mit Freunden oder deiner Familie
auf Erlebnisse und Abenteuer ein!
Sie bleiben in Erinnerung
und können so die Quelle
dauerhaften Glücks für alle sein.

Ein wertvolles

Geschenk

in unserem Leben ist die Zeit,
die wir mit guten Freunden
verbringen dürfen.

ACHTUNG UND VERTRAUEN
SIND DIE GESCHWISTER
ECHTER FREUNDSCHAFT
UND WAHRER LIEBE.

Vertrauen
ist die Eintrittskarte
in eine Gemeinschaft, in der

*Achtsamkeit, Toleranz
und Freundschaft*

gelebt werden können.

Wer uns mit Freundschaft beglückt,
schenkt uns nicht nur Vertrauen und Zuneigung,
sondern vermittelt uns auch die Sicherheit,
dass in schwierigen Zeiten jemand da ist,
der an unserer Seite steht.

VERTRAUEN

SCHENKEN WIR,

WENN WIR UNS ANDEREN

LIEBEVOLL ÖFFNEN

UND IHNEN

MUT MACHEN.

Beginne
jede Arbeit mit Freude,
und du entwickelst
Energien, die dich
in Hochstimmung
bringen!

Bewahre dir deine

innere Freiheit

und Unabhängigkeit,
und du kannst Zufriedenheit und Glück
in einem Leben finden,
das deinem Wesen
entspricht!

Ob wir zufrieden oder unzufrieden sind,
Freude empfinden oder traurig sind,
glücklich oder unglücklich sind,
entscheiden unsere Gedanken.

Lachen

Dankbarkeit für unser Leben
kann auf Wolken des Glücks uns heben.

Unser Leben wird leichter
mit Frohsinn und Zufriedenheit,
schöne Gedanken stimmen uns heiter,
geben uns Ruhe und Gelassenheit.

Lachen und Humor
wirken wie eine Medizin;
sie bescheren uns Gesundheit und Glück.

Zufriedenheit
können wir finden,
wenn wir die kleinen Dinge,
die uns das Leben bietet,
schätzen lernen.

Wenn wir erfasst haben,
dass das Glück zu leben
unser größter Reichtum ist,
besitzen wir eine unerschöpfliche Quelle,
aus der die Lebensfreude sprudelt.

Sei optimistisch,
und das Glück
wird dich finden!